AF226639

NOUVELLE VIE

DE SAINTE REINE,

MARTYRISÉE A ALISE,

TIRÉE DES MANUSCRITS LES PLUS ANCIENS
ET LES PLUS AUTHENTIQUES.

A SEMUR, de l'Imprimerie de Berry et Lereuil.

M. DCCC. XIV.

A MONSEIGNEUR,

Henri REYMOND,

Evêque de Dijon et de Langres.

Monseigneur,

La bonté que vous avez eue de lire la nouvelle Histoire de la vie de Sainte Reine que j'ai l'honneur de vous présenter, et les soins que vous avez bien voulu prendre pour la rendre correcte, vous donnent des droits personnels à ce petit ouvrage. Quoique cette Sainte soit depuis long-temps célèbre dans notre ancienne Bourgogne, et que les faits qui établissent sa juste célébrité, soient une présomption bien fondée du favorable accueil que lui fera le public; en paraissant néanmoins sous les auspices d'un Prélat aussi distingué par les vertus qu'enseigne la religion dont il est le premier ministre, par son zèle à les propager, que par sa profonde érudition, sa sagesse dans le gouvernement de son vaste Diocèse, sa charité, ses talens qui

4

lui concilient la confiance du troupeau confié
à sa sollicitude pastorale, et les sentimens
du plus sincère et respectueux attachement
de son clergé, cette Histoire deviendra par
là même plus intéressante, et atteindra plus
directement le but que je me suis proposé,
l'édification des fidèles. Les témoignages
réitérés de bienveillance, dont vous m'avez
souvent honoré, Monseigneur, sont pour
moi un motif de croire que l'hommage que
je vous en fais, ne vous sera point désa-
gréable.

Je suis avec le plus profond respect,

MONSEIGNEUR,

Votre très-humble
et très-obéissant serviteur,
GUILLIER.
Curé de Flavigny.

PRÉFACE.

Plus les événemens s'éloignent de l'époque où ils ont eu lieu, plus ils sont susceptibles d'infidélité ou d'inexactitude, dans le rapport qu'on en fait. l'Historien doit donc être en garde contre les traditions populaires. Naturellement ami du merveilleux, le peuple se laisse séduire volontiers par des récits apocryphes ; plus les faits rapportés sont extraordinaires, quand même ils seroient hors de toute vraisemblance, plus il se plaît à les croire, à moins que ses passions ne tendent à affoiblir ses motifs de crédibilité, ce qui n'est que trop ordinaire, à l'égard des faits miraculeux, et qui souvent n'est pas assez pris en considération par ceux qui les rapportent.

Les uns sous prétexte de la Toute-Puissance de Dieu, adoptent indistinctement tous les miracles, et donnent pour preuve de ceux dont on doute, ceux dont il n'est pas permis de douter ; les autres s'imaginant qu'il y a de la force d'esprit à douter des miracles, citent les faux, pour prouver contre les véritables, soutiennent que Dieu ne fait pas tout ce qu'il peut faire, et qu'au fond tout ce qu'on dit des vrais miracles en général, est très-faible pour persuader d'un miracle en particulier. Ceux-ci comme ceux-là sont dans l'erreur. Dieu peut faire des miracles, c'est-à-dire déroger aux lois de la nature dont il est l'auteur, pour manifester son amour ou sa puissance, il le peut, et l'a fait souvent par le ministère ou l'organe des saints qui sont ses amis. Les miracles sont pour eux des témoignages de sa prédilection tout-à-la-fois, et de leur sainteté, aussi l'Église ne les inscrit-elle dans ses sacrés d'yptiques, qu'après avoir rigoureusement vérifié les miracles qu'ils ont fait.

Sainte-Reine y est inscrite, donc elle a fait des miracles; mais ce raisonnement quoique très-bon, ne suffit pas, il faut particulariser les faits miraculeux : il faut que ces faits soient reconnus extraordinaires, et au-dessus des forces de la nature ; il faut qu'ils soient attestés par des témoins oculaires, dignes de foi, irréprochables dans leurs mœurs et hors du soupçon d'avoir intérêt à les divulguer.

Tout homme de bonne-foi, quand même il n'auroit point de piété, doit reconnoître pour véritables les miracles qui sont revêtus de ces caractères, ils ont acquis par cela seul une suffisante authenticité ; c'est ainsi qu'on doit reconnoître pour véritables, les miracles que Saint Augustin raconte dans la CITÉ DE DIEU et dans ses CONFESSIONS, être arrivés sous ses yeux, et dont il assure avoir été particulièrement informé, par les personnes mêmes à qui les choses étoient arrivées. Ce seroit ôter à la religion un de ses plus solides fondemens, que d'enlever aux vrais miracles l'autorité qu'ils doivent avoir pour la confirmation de la vérité.

Fondé sur ces principes, je présente au public revêtus de ces caractères, les miracles que Dieu a opéré par l'intercession de Sainte-Reine. J'en écris la vie sur des mémoires et des manuscrits de la plus haute antiquité, qui ont été scrupuleusement examinés, et dont il est impossible de révoquer en doute l'authentique véracité. La tradition me servira quelques fois de guide, pour établir la preuve de certains faits, parce qu'une tradition constante, uniforme et immémoriale, est un motif de juger aussi infaillible, que l'attestation des témoins oculaires d'un fait. Le zèle de la gloire de Dieu, m'a fait entreprendre ce petit ouvrage pour l'édification des fidèles, dont la dévotion à Sainte-Reine ne s'est point encore relâchée. Nous voyons deux fois par an un nombreux concours de pélerins qui viennent de toutes parts visiter le lieu de son martyre et ses saintes reliques, dont l'Eglise de Flavigny est dépositaire. Ces précieux restes ne sont plus maintenant comme autrefois enchâssés dans l'or et ornés de pierreries ; le Vandalisme et l'avidité révolutionnaires les ont dépouillés de ces richesses, qui pouvoient parler utilement à l'imagination ; mais dont l'absence n'ébranlera point la solide piété. Aux yeux des vrais fidèles, les reliques des saints, quoique simplement enchâssées dans le bois, sans aucun ornement, ne perdent rien de leur prix.

Le style gothique dans lequel fut écrite autrefois la vie de Sainte-Reine, joint à l'enthousiasme trop sensible de l'auteur, a fait reléguer cette histoire dans la classe de ces livres anciens, qu'on se croit en droit de dédaigner. J'espère que celle-ci, sera exempte de ce double défaut, d'ailleurs les faits seront discutés, approfondis, exempts autant qu'il sera possible d'anachronisme, l'exactitude et la vérité tiendront la plume. Trop heureux si je puis ranimer la charité chrétienne, que le soufle impur de l'impiété a refroidie, et contribuer à faire voir combien Dieu est admirable dans ses saints.

Cette histoire est contenue en cinq chapitres : le premier traite de la naissance, de la vie et du martyre de Sainte-Reine, extraits des mémoires de la plus haute antiquité.

Le second, des différentes translations des reliques de Sainte-Reine.

Le troisième, des miracles de la Sainte, qui sont en grand nombre; mais dont je n'ai rapporté que ceux qui, étant racontés par des témoins oculaires et dignes de foi, ont été consignés dans les actes publics de plusieurs notaires.

Le quatrième, du culte de Sainte-Reine, dont la mémoire est en vénération dans les pays les plus éloignés, et des processions établies en l'honneur de ses saintes Reliques.

Le cinquième, du pélerinage de Sainte-Reine.

NOUVELLE HISTOIRE
DE LA VIE ET DU MARTYRE
DE SAINTE REINE D'ALISE.

CHAPITRE PREMIER.

Sainte Reine naquît selon les anciennes légendes, l'an deux cent trente-huit de l'Ere chrétienne, à Alise, ville forte et célèbre dans les commentaires de César; (1) mais qui n'est plus maintenant qu'un Bourg, dans le département de la Côte-d'Or. Son père nommé Clément étoit un puissant seigneur, mais cruel et idolâtre, sa mère mourut des suites de ses couches, après l'avoir mise au monde. La providence Divine permit qu'elle fut confiée aux soins d'une nourrice chrétienne, qui l'éleva dans la foi de Jésus-Christ. La jeune fille imbue des principes du Christianisme, croissoit en âge et en vertus. Dèce gouvern it alors l'empire Romain et comme cet Empereur il avoit déjà signalé sa cru-

(1) Jean Picard dans sa Celtopédie, liv. 3, pag. 127, prétend, après Diodore de Sicile, livre 6, que ce nom est originairement grec, qu'il fut donné à cette ville par l'Hercule Celtique, qui après sa victoire sur les Lestrigons, qui avoient consenti à la mort d'Osiris son père, et la défaite de Gérion, se retira dans les Gaules, délivra les Héduens des tyrans qui les opprimoient; et nomma ce lieu Alexie, comme il étoit nommé lui-même, du verbe grec, qui signifie je chasse, je porte secours.

auté envers les chrétiens, un grand nombre avoient obtenu la palme du martyre. L'occupation la plus ordinaire de la jeune Reine, étoit de lire et de méditer les actes qui constatoient leur constance dans les tourmens et leur mort précieuse devant Dieu. (2) Le sang qu'ils avoient répandu pour la foi, lui faisoit désirer de répandre le sien pour la même cause; mais la faiblesse de son âge, retardoit l'exécution du généreux dessein qu'elle avoit formé dans son cœur.

Tandis qu'elle étoit pleine de ces pieux désirs, Dieu qui en étoit l'auteur, fit naître une occasion favorable pour faire éclater la fidélité héroïque de son humble servante. Dèce (3) avoit déjà fait publier la septième persécution, le vaisseau de l'Eglise étoit battu de la plus furieuse tempête, les préfets des provinces dépendantes de l'Empire, se disposoient à

(2) C'étoit les procédures que l'Empereur ou les préfets de l'Empire, faisoient rédiger contre les Chrétiens et où étoient consignées les interrogations et les réponses des martyrs, pleines d'énergie et de courage, et enfin le genre de supplice et de mort qu'ils devoient subir.

(3) Il naquit l'an 201 après Jésus-Christ, à Bubalie, dans la Pannonie inférieure, et mourut l'an 251 après deux ans et plus de règne; dans une bataille contre les Goths, lui, son fils et toute l'armée Romaine périrent jusqu'à un seul. C'est ainsi que la justice divine, vengea le sang de ses saints, cruellement répandu par ce violent Empereur, qui ne persécuta les chrétiens, qu'en haine de Philippe, qui les avoit aimé et protégé, et qu'il tua de sa propre main pour s'assurer l'Empire.

exécuter les ordres sanguinaires de cet ardent persé-sécuteur de la foi, les roues, les gibets, les grils de fer, les chevalets, tous les instrumens des plus cruels supplices étoient étalés aux yeux des chrétiens, pour les effrayer par ce sanglant appareil, et les déterminer ou à sacrifier aux idoles ou à expirer dans les tortures.

Olibrius avoit reçu le gouvernement des Gaules, ce préfet venant à Alise pour informer contre les chrétiens, rencontra la jeune Reine qui conduisoit le troupeau de sa nourrice : (4) Elle avoit alors quinze ans, la nature sembloit avoir épuisé ses dons, pour embellir son corps, et Dieu avoit répandu dans son cœur, les plus précieux trésors de sa grâce. Olibrius épris de ses charmes, conçut pour elle une violente passion, qui ne put s'éteindre que dans le sang de cette illustre martyre; dans les accès de son délire, il résolut ou de l'épouser, si sa naissance répondoit

(4) On sera peut-être étonné qu'une jeune fille d'une famille distinguée, s'occupât d'un emploi si peu conforme à sa condition et à sa naissance. On peut répondre 1°. Que la vie pastorale n'étoit point méprisée dans le siècle où vivoit cette vertueuse fille. 2°. Que brûlant du désir du martyre, elle se disposoit, en pratiquant l'humilité, fondement des autres vertus chrétiennes, à mériter la grâce qu'elle espéroit; cet emploi alors était de son goût et de son choix. 3°. Clément son père avoit pu être informé secretement de la foi de sa sa fille, et son zèle outré pour les superstitions payennes, la lui faisant envisager d'un œil d'aversion, lui avoit fait prendre le parti de la laisser chez sa nourrice.

à sa beauté, ou au moins de satisfaire sa brutalité, à quelque prix que ce fut; mais notre chaste vierge ayant à craindre les violences du tyran, invoqua le ciel pour sa défense, » J'ai déjà un époux, lui dit- » elle, il es immortel, c'est Jésus-Christ.

Le fier Olibrius, n'écoutant plus que la voix de sa passion, se persuada que Reine ne pouvoit lui résister, il l'interrogea sur sa naissance, et lui demanda son nom » Je m'appelle Reine, ma famille » est assez distinguée dans ce pays, mais ma plus » grande qualité est d'être chrétienne;—» Quoi lui » dit le Préfet, vous mettriez votre confiance dans » ce galiléen qui a été crucifié, et qu'un de nos » juges a condamné à un ignominieux supplice ? » Oui, je regarde comme un grand honneur de » lui appartenir, et je suis disposée à sceller de » mon sang, l'évangile qu'il nous a annoncé. »

Le préfet étonné d'une fermeté et d'un courage aussi rares, sentit toute la difficulté de la victoire dont il s'étoit flatté, et jugea par ses réponses calmes et pleines d'une sainte liberté, qu'il ne seroit pas aisé de faire plier un esprit qui, par le flegme de ses réponses, sembloit annoncer des résolutions invariables. Soit que l'amour qu'avoit allumé dans le cœur du tyran, l'innocente beauté de Reine, calmât la fureur qu'avoit excité sa fermeté, soit que la faiblesse de son âge et de son sexe, lui laissât quelque espoir de parvenir à son but, il ne poussa pas plus loin la conversation.

Lorsque Clément fut informé de la proposition du

préfet, et de la résistance de sa fille, il se mit en fureur, et après avoir témoigné son ressentiment à sa sa nourrice et son regret de ne l'avoir pas rappelée plutôt dans son château de Grignon, il représenta à Reine les honneurs et les richesses dont elle alloit être comblée, en acceptant les offres du préfet Romain; il passa alternativement des promesses aux menaces, et mit tout en œuvre pour lui faire abjurer la religion de Jésus-Christ; mais elle étoit gravée trop profondément dans son cœur. Promesses, menaces, tout fut inutile, elle demeura dans une fidélité inébranlable. » Je reconnois, dit-elle, la » puissance d'un père sur sa fille; mais ce pouvoir » ne peut s'étendre sur sa conscience; Dieu seul peut » lui commander, et il m'ordonne d'être invariable » dans ma foi.

Une réponse à la fois si solide et si sage, augmenta la fureur du préfet, sa colère se changea en une espèce de ràge, et il se décida à la faire emprisonner jusqu'à son retour d'une expédition qu'il devoit faire en Allemagne.

Une tradition du pays, qui s'est conservée jusqu'à présent, porte que la jeune fille fut enfermée dans une tour du château de Grignon, appartenant à son père, une autre tradition qui passe pour constante, fait croire qu'elle fut transférée à Flavigny, avant la destruction de la religion catholique en France, et la dispersion de ses ministres; les pélerins qui venoient visiter les reliques déposées à l'abbaye de Flavigny, demandoient à voir la prison de Sainte Reine, on croit que c'est cette voûte souterraine qui est derrière le Maître-Autel. (5)

Quoiqu'il en soit du lieu où la jeune prisonnière fut détenue, il paroît qu'elle eut à supporter de la part de son persécuteur, une prison bien rigoureuse, et de la part de son père, un traitement aussi injuste que barbare. Cet homme follement entêté du culte superstitieux de ses Dieux chimériques, et croyant que la gloire de ses idoles étoit intéressée à vaincre la résistance héroïque de sa fille, par les tourmens, se dépouilla de tous les sentimens de la nature, il ne sentit plus palpiter le cœur d'un père, et exécuta à la lettre, les ordres du cruel préfet. Une chaîne longue de onze pieds, et composée de quarante-sept anneaux de fer, ceignit étroitement le corps délicat de notre Sainte, et, comme cette chaîne bien étendue aboutissoit aux extrémités du cachot, elle étoit obligée de se tenir debout nuit et jour, sans pouvoir changer de situation.

Une posture aussi fatigante, la privation du som-

(5) L'église de l'abbaye de Flavigny, qui étoit un très-beau vaisseau, a été démolie pendant la révolution française ; toutes les voûtes de ce bel édifice et la tour du clocher ont été enlevées : il ne reste plus que les murs, qui s'écroulent et menacent ruine de toutes parts ; on voit encore ce souterrain, appelé la prison de Sainte-Reine, dont la voûte est soutenue par des piliers ; mais qui disparaîtra dans peu, et fera partie des décombres qui attesteront encore long-temps, la vaste étendue de ce beau bâtiment.

meil

meil, qui est pour les innocens accusés et malheureux un soulagement au moins momentané, étoit pour Reine un des plus cruels supplices. Cette chaîne un des plus rudes et des plus authentiques instrument de son martyr, a toujours été en vénération parmi les fidèles. On peut juger par la petite circonférence de l'anneau qui ceignoit son corps, combien il étoit délicat et peu capable de supporter de si rigoureux tourmens, si la grâce de Jésus-Christ qui la soutenoit, ne lui eut donné des forces suffisantes pour les supporter.

Mais tandis que son corps étoit chargé de fers, toute sa conversation étoit dans le ciel: sa belle âme dégagée des affections terrestres, prenoit déjà l'essor vers la céleste patrie, et n'envisageoit plus que la couronne que Dieu réserve aux généreux athlètes, qui ont fourni la carrière de la persécution. Elle n'avoit plus sur la terre aucune consolation à espérer, le fanatisme de l'idolâtrie, avoit également fermé les cœurs et les portes de sa prison; privée de toute société, de toute consolation humaine, Théophile son père nourricier, avoit seul, la liberté de la visiter, et n'avoit la faculté de lui donner que du pain et de l'eau.

Cependant Olibrius, après son expédition d'Allemagne, revint à Alise, couvert de lauriers, fier de ses victoires, il pensa que le cœur de Reine seroit pour lui une conquête plus facile, que d'avoir obtenu le triomphe dont il s'enorgueillissoit, il se trompa:

2

les résolutions qu'elle avoit formées, de persévérer jusqu'à la fin, dans les généreux sentimens que lui avoit inspiré la grâce de Dieu, étoient devenues aussi fortes que la chaîne qui la tenoit si étroitement serrée ; le Préfet s'étoit fait illusion sur la puissance de ses Dieux ; faussement persuadé qu'ils seroient aussi puissans que le Dieu que servoit Reine, il n'omit rien pour se les rendre propice, et leur fit des sacrifices pendant trois jours ; Reine de son côté, mit ce temps à profit, pour intéresser par la prière, le ciel en sa faveur, et obtenir la grâce de soutenir les nouveaux assauts qu'on lui préparoit ; elle n'ignoroit pas que deux motifs puissans concouroient à-la-fois à agiter l'âme du tyran, sa religion et sa beauté. Deux passions opposées, l'amour et la haine, déchiroient le cœur d'Olibrius ; il désiroit immoler à ses Dieux, celle que la superstition rendoit horrible à ses yeux, et son cœur redoutoit de voir sacrifier une victime que sa passion lui dépeignoit si belle. Il souhaitait à-la-fois et d'assouvir sa brutalité et de ménager les intérêts de ses Dieux ; mais la jeune fille savoit que pour conserver sa virginité, il falloit combattre pour sa religion, et que pour remporter cette double victoire, elle avoit besoin d'une fermeté et d'un courage, dont l'humanité n'est pas capable, elle puisa sa grandeur d'âme dans la prière.

L'heure vint enfin de paroître devant ce juge irrité ; Reine, se munit du signe de notre rédemption, et entra d'un pas ferme dans le prétoire, la beauté de ses traits, réhaussée par la modestie qui coloroit son visage, où venoit se perdre l'amour de Dieu, et le désir ardent du martyre, les grâces naïves de son âge et de son sexe, répandues dans tout son extérieur, frappèrent le préfet d'étonnement; il dissimula son trouble, juge et partie tout ensemble, il fit un dernier effort, pour faire triompher ses infâmes amours, et ne point blesser l'honneur de ses idoles...........» Je » jure, dit-il, par les Dieux tutélaires de l'Empire, » que si vous leur offrez l'encens qui leur est dû, » et que vous acceptiez mes offres, vous partagerez » avec moi ma fortune, mes honneurs et mes tri— » omphes.

Reine s'attendoit à de telles propositions, la grâce lui avoit déjà suggéré les réponses....» Vous désirez » de moi que je renonce à ma religion, pour em— » brasser la vôtre, et à ma virginité pour mériter » votre alliance, et moi je vous invite à reconnoître » le Dieu que j'adore, il ne permettra pas que vous » profaniez le temple de mon corps, que je lui ai » consacré.

Le Préfet voyant que ses promesses n'avoient pu ébranler la fermeté de la jeune vierge, eut recours aux menaces: il ordonna aux bourreaux de la dépouiller de ses habits, et de la déchirer à coups de fouets; les ordres du tyran furent exécutés avec une cruauté sans exemple, semblables à des lions affamés qui se jettent sur leur proie, le corps de notre Sainte, fut mis en lambeaux, le sang ruisseloit de toutes parts; les assistans frémirent à ce spectacle, et fondoient en larmes; Reine dont la sérénité et la paix étoit peinte sur le visage, fut seule insensible à ses propres maux, et en pensant qu'elle avoit quelques traits de ressemblance avec son divin époux, pour lequel elle répandoit son sang, elle étoit transportée de joie; les jeunes filles d'Alise touchees pour Reine d'une fausse compassion, l'exhortoient les larmes aux yeux, d'avoir enfin pitié d'elle-même, et de consentir aux propositions du Préfet.

» J'ai pris Jésus-Christ pour mon époux, dit-elle,
» ni les tortures, ni la mort ne m'engageront à rien,
» qui soit indigne de l'honneur que j'ai de lui appar-
» partenir. A ces mots, le préfet transporté de rage, et se flattant toujours de vaincre sa résistance imaginá des tourmens plus affreux encore. Il la fit suspendre, et en cet état, il ordonna qu'on lui déchirât la peau avec des pointes de fer; mais elle sembloit puiser de nouvelles forces, dans l'excès même des tourmens; elle ne jetta pas même un soupir, et demeura immobile. Son corps n'étoit plus qu'un squelette hideux, tout couvert de sang, sa chair tomboit en lambeaux, chacun détournoit la vue d'un si triste spectacle, le tyran même recula d'horreur, en voyant les effets de sa rage; les bourreaux fatigués détachent la Sainte, et frémissent à la vue de ses plaies; Olibrius au désespoir et presque vaincu, lui commande encore de sacrifier aux idoles, sa voix tremblante annonçoit le trouble de son cœur déchiré de remords.
» Reine, lui dit-il, faites cesser vos tourmens, les

» plaies dont votre corps est couvert, sont autant de
» bouches qui vous reprochent votre obstination, vous
» êtes déjà trop faible pour pouvoir souffrir les nou-
» velles tortures que je vous prépare, les Dieux
» irrités ne demandent point votre vie ; mais votre
» encens........... » Vous vous tromp z v u-même,
» répondit-elle, en croyant qu'il y a d'autres Dieux
» que celui que j'adore ; lui seul est le créateur du
» ciel et de la terre » ... Les tourmens que l'on fit
souffrir à notre Sainte, ne finirent qu'avec le jour,
mais ses douleurs ne firent qu'augmenter dans l'affreuse
prison où elle fut conduite, pour y passer la nuit ;
il sembloit que Jésus-Christ voulut l'associer à toutes
les circonstances de sa passion, car notre Sainte souffrit
dans son esprit des supplices plus cruels encore que
ceux que les bourreaux lui avoient fait endurer la veille
dans son corps : car en réfléchissant à la cruauté des
tortures qui l'avoient affaiblies, et les comparaut avec
celles qu'on lui préparoit encore, qui tenoit du dé-
couragement, elle ne se défiait point de la grâce de
son Dieu, par qui seul elle avoit déjà remporté une
si grande victoire ; mais elle craignoit qu'elle ne l'a-
bandonnât dans les autres combats qui lui restoient
à soutenir ; c'est ainsi que l'humanité de Jésus-Christ,
succombant sous le poids de la douleur, une tristesse
mortelle s'empara de son âme au jardin des olives.

Mais Dieu n'avoit permis cette inquiétude et cette
tristesse, que pour lui donner des consolations plus
efficaces, son esprit fortifié par les infirmités de son
corps, fut comme celui de Saint-Paul, ravi en ex-

...tase, il lui sembla voir une croix qui touchoit de la terre au ciel, comme autrefois l'échelle de Jacob, au sommet de laquelle étoit une colombe blanche, (6) cette vision ranima tout-à-coup le courage de la Sainte, qui sentit que cette nouvelle force lui étoit communiquée par le Dieu des chrétiens qu'elle adoroit; mais lorsqu'elle eut entendu ces consolantes paroles : » O Reine, soyez remplie de force et de courage, » votre foi et votre pureté, vous ont mérité la cou- » ronne qui vous est réservée dans le ciel.. » Elle se prépara alors à de nouveaux combats, et se sentit disposée à braver les plus cruels supplices.

Le lendemain Olibrius fit comparaître Reine en public : il se fit autour du prétoire, un concours pro- digieux des habitans d'Alise, curieux de voir à qui demeureroit la victoire ; la Sainte, plus courageuse qu'auparavant, se munit en entrant du signe de notre salut, le juge la croyoit presque sans vie. Qu'elle fut sa surprise! lorsqu'il la trouve plus belle qu'aupara- vant, il sembloit que son divin époux, lui eut donné une figure céleste, et la beauté de ces esprits glo- rieux, au bonheur desquels elle alloit bientôt parti- ciper. Il fut frappé d'un prodige si éclatant, et si ses préjugés de religion ne lui eussent pas entièrement fermé les yeux, il auroit reconnu les opérations de la main toute puissante du Dieu à qui Reine rendoit

(6) Ceci est tiré d'un manuscrit ancien, c'est peut-être par cette raison qu'on voyoit autrefois une colombe au haut des croix de la Bourgogne.

ses louanges ; mais aveuglé par la superstition, il aima mieux attribuer cette guérison miraculeuse, à la bonté de ses Dieux, qui l'avoient opérée pour lui conserver cette jeune beauté, et récompensé du zèle qu'il témoignoit pour leur culte et leurs autels. Fondé sur des principes aussi ridicules, il entreprit de nouveau de la séduire ; mais la manifestation de ses infames amours, étant pour la Sainte un supplice plus insupportable que ceux qu'il se proposoit à lui faire souffrir, elle osa lui reprocher en face son impudicité et son idolâtrie.

Le cruel préfet vit bien qu'il n'avoit plus aucunes mesures à garder, il avoit perdu tout espoir : vivement piqué des reproches que l'innocence et la pureté venoient de lui adresser, il se laissa aller à toute la férocité de son caractère et à toute la cruauté que peut inspirer un amour méprisé ; il la fit donc lier à deux poteaux en forme de croix, (7) et lui fit brûler les côtés avec des torches ardentes ; mais les flammes de la charité qui brûloient son cœur étoient plus ardentes encore que celles qui dévoroient son

(7) On voyoit avant la révolution dans l'église de Flavigny, des tableaux représentant Sainte Reine dans cette posture ; mais les Iconoclastes révolutionnaires ont brisé ces images, et autres qui décoroient le temple de cette ville ; tout ce qui leur rappeloit les vérités immuables de l'immortalité de l'âme, de l'existence d'une autre vie, de l'éternité des récompenses et des peines, leur étoit insupportable, ils effaçoient de nos temples les preuves de l'antique croyance de ces vérités éternelles : ont-ils pu en effacer les sentimens de leur cœur ?

corps; elle bénissoit le céleste époux de l'avoir jugée digne de participer au supplice de sa croix, la joie intérieure qu'elle ressentoit, paroissoit même sur son visage, elle sembloit éprouver une plus grande satisfaction que si on l'eut fait asseoir sur le trône des Césars. Olibrius s'en aperçut, et quoique cette nouvelle torture fut la plus cruelle de toutes celles qu'elle avait déjà endurée, il la fit délier. On croit peut-être que le repentir d'avoir assouvi sur le corps de la Sainte sa cruelle férocité, ou quelque sentiment d'humanité inspira au tyran une pitié momentanée; mais non : la dernière réponse de Reine, en détruisant toutes ses espérances avoit allumé dans son cœur barbare une fureur qui ne devoit s'éteindre que dans le sang de cette innocente victime; son zèle pour sa religion et les mépris qu'il avoit eu à essuyer, avoient fermé ses oreilles à la voix de la nature et de l'humanité; le cruel la fit précipiter dans une cuve d'eau froide et infecte, afin que, passant tout-à-coup d'une chaleur excessive à une froidure insupportable, l'excès des douleurs de la Sainte, répondit à l'excès de la haine du tyran; mais le cœur de la jeune victime embrasé de l'amour sacré, brûloit encore au milieu des eaux.

Ce nouveau tourment ne fit que manifester la patience héroïque de la jeune vierge et la confirmer de plus en plus dans ses généreuses résolutions, elle remporta dans cette nouvelle épreuve une victoire complette De quoi n'est pas capable, quoique dans un corps fragile, une ame pénétrée d'une foi vive et d'une ardente charité ! Les spectateurs étonnés ne pouvoient concevoir que la constance chrétienne put aller jusques-là. Plusieurs miracles dont ils furent témoins augmentèrent encore leur étonnement : car aussitôt que Reine eut été plongée dans la cuve, l'eau devint claire et perdit sa mauvaise odeur, les chaînes qui lioient son corps tombèrent d'elles-mêmes, et la colombe qu'elle avoit vu dans la prison lui apparut encore lui présentant la couronne de gloire qui alloit être la récompense de sa foi. Ces miracles opérèrent la conversion d'un grand nombre de personnes de l'un de l'autre sexe, toutes confesserent hautement qu'elles ne reconnoissoient qu'un seul Dieu, le Dieu de Reine qui faisoit éclater sa puissance par tant de merveilles, et annoncèrent hardiment qu'ils renonçoient au culte des idoles. Quelques auteurs portent le nombre des convertis à huit cent cinq ; mais les plus anciens manuscrits que j'ai consulté, emploient le mot OCTOGENTA QUINQUE, qui veut dire quatre-vingt-cinq ; et non pas OCTOGINTI, qui veut dire huit cent.

Les cris de joie des nouveaux chrétiens qui s'applaudissoient d'avoir ouvert les yeux à la lumière, le murmure, le bruit confus des assistans, excitèrent un tumulte qui épouvanta le préfet ; il craignit une sédition, et pour l'éviter, il condamna Reine à avoir la tête tranchée, à l'endroit même où on exécutoit les criminels. La Sainte regarda l'arrêt de sa condamnation comme la consommation du triomphe de la grâce, qui avoit jusqu'alors soutenu la vivacité de

sa foi et son désir ardent du martyr ; et avant de recevoir par le coup de la mort la couronne immortelle de gloire dont elle jouit depuis ce moment dans
le ciel, elle ne crut pas la payer trop cher au prix
de tout son sang. Amenée au lieu de l'exécution,
elle pria pour son juge, pour ses bourreaux, pour ses
compatriotes ; et les exhorta avec une admirable présence d'esprit à embrasser la foi de Jésus-Christ,
ensuite avec une tranquillité et des transports de joie
inexprimables, elle donna sa tête à couper. (8)

Voilà comme cet ange de la terre, après avoir
illustré son pays et éclairé des lumières de la foi les
contrées environnantes, alla prendre possession dans le
ciel des véritables honneurs et de la vraie gloire,
dont elle avoit constamment dédaigné les fausses ap-
parences. Ce fut le septième jour de septembre de
l'an deux cent cinquante-trois de Jésus-Christ. La
fureur du tyran et de ses suppôts, ne permit pas de
rendre des devoirs solennels au corps de cette illustre
martyre, ils l'enterrèrent à la hâte, au lieu même où
elle avoit été décapitée, on mit auprès du cercueil
la chaine de fer qui avoit servi à son supplice.

Les persécutions que les successeurs de Décius con-
tinuèrent sans interruption, jusqu'à ce que Dieu eut
donné la paix à son église, sous le règne du grand

---

(8) Une tradition constante nous apprend qu'à l'endroit
même où tomba cette tête sacrée, il parut pour la premiere
fois une fontaine que l'on voit encore à Alise, et où, de temps
immémorial, les pélerins s'empressent de puiser de l'eau.

Constantin, devinrent si violentes, qu'un grand nombre de chrétiens furent la victime de leur persévérance dans la foi. Théophile, père nourricier de la Sainte, fut martyrisé le neuf septembre deux cent cinquante-quatre. La cruauté et la barbarie des idolâtres, la frayeur dont les chrétiens étoient saisis, furent la cause que peu à peu on perdit presque la mémoire du vrai lieu où reposoient les reliques de Sainte Reine : ces précieuses dépouilles y demeurèrent cachées, comme autrefois le feu sacré du temple dans le puits des Machabées, jusqu'à ce qu'il plût au ciel d'en faire une révélation si authentique, que les fidèles furent autorisés à en faire une fête particulière, non-seulement à Alise et à Flavigny, mais dans toutes les paroisses dont l'Eglise est sous le vocable de Sainte Reine, le treizième jour de juillet. Cette fête est rapportée dans un ancien martyrologe en ces termes : TERTIO IDUS JULII, REVELATIO - CORPORIS SANCTÆ REGINÆ VIRGINIS ET MARTYRIS.

CHAPITRE II.

Des diverses translations des reliques de Sainte Reine.

Le corps de notre illustre martyre resta oublié dans sa première sépulture, depuis l'an deux cent cinquante-trois, jusqu'environ l'an quatre cent. Alors Dieu voulut qu'il fut exposé à la vénération des fidèles, pour leur rappeler la foi, la constance, et toutes les vertus dont la jeune vierge avoit été le modèle accompli. Il fut exhumé et transporté dans le bourg d'Alise, bâti au-dessous du Mont-Auxois où étoit autrefois située la fameuse ville d'Alexia, assiégée et saccagée par Jules César ; il fut déposé dans un cercueil de pierre, et selon la coutume des premiers siècles de l'église, on érigea en même temps sur ce tombeau une chapelle, qui dès l'an quatre cent trente, avoit pour desservant un personnage qualifié nommé SÉNATEUR ; c'est ce que nous apprend Constance, prêtre de l'église de Lyon, auteur célèbre et presque contemporain dans la vie de Saint-Germain d'Auxerre qu'il a écrite.

Cependant, la réputation des mérites de Sainte Reine croissoit de jour en jour, sa chapelle fut changée en un beau monastère de l'ordre de Saint-Benoît, Uvaré, fondateur de l'abbaye de Flavigny, la dota richement. Les fidèles signalèrent leur piété envers la Sainte par des largesses immenses ; l'objet de ces libéralités étoit d'honorer la Sainte dont le tombeau devenoit de plus en plus célèbre par les plus éclatans miracles. Uvaré légua au monastère d'Alise les seigneuries de Chichée, d'Ancy-le-Franc, Ravière, Ville-Maurienne, Haute-Rive, Chaviny, Baignole, Savoisy, Coulmiers, Villeneuve, Chazels et autres. (9) Ce monastère fut incorporé et uni peu de temps après à celui de Flavigny, ensorte que

(9) On lit dans le testament d'Uvaré, fondateur des deux abbayes, cette clause : similiter donamus ad Basilicam dominæ Reginæ, ubi ipsa pretiosa requiescit in corpore, etc.

l'abbé de Flavigny étoit naturellement abbé d'Alise, comme on le voit dans d'anciens titres de ce bourg. On ne peut assigner d'autres raisons de l'incorporation, sinon qu'Uvaré, fondateur de l'abbaye de Flavigny, se fit religieux au monastère de cette ville, et que très-probablement il fut abbé en même temps de Flavigny et d'Alise.

Quoique les légendaires ne désignent pas positivement le lieu où les saintes reliques furent trouvées dans le tems de la première révélation du corps de Sainte Reine, il est très-probable qu'elles furent découvertes au même lieu où est son ancienne chapelle à Alise. La commémoraison ou l'anniversaire de cette révolution, se faisoit tous les ans avec une cérémonie particulière dans cette chapelle, dont on voit encore aujourd'hui les ruines. On célébroit une grand'Messe auprès de la fontaine, sur un autel que l'on dressoit exprès. Il paroît par un titre de mil quatre cent quarante-huit, qu'il y avoit alors un autel très-ancien dans les vignes que possédoit l'évêché d'Autun, dans le territoire d'Alise et qui étoit dédié à Sainte Reine ; cette chapelle fut possédée à titre de bénéfice par un chapelain, jusqu'en mil cinq cent un, où Jean Rollin, Cardinal évêque d'Autun, supprima le chapelain et réunit la chapelle à la paroisse d'Alise.

Telles furent les variations relatives à la chapelle de Sainte Reine qui étoit au milieu des vignes, il y a environ deux cent cinq ans ; depuis ce temps,

on a défriché peu-à-peu les terres du voisinage et
bâti des maisons depuis cette chapelle jusqu'au bourg
d'Alise, à mesure que la dévotion des pélerins s'est
augmentée ; mais dans les premiers temps, le principal lieu du pélérinage étoit l'église de la paroisse
qui avoit été depuis si long-temps dépositaire du corps
de Sainte Reine, sous son invocation. Cette Eglise
est maintenant sous le vocable de Saint-Léger ; mais
ce saint évêque n'a été martyrisé qu'en six cent
quatre-vingt-cinq : avant cette époque, il y avoit une
Eglise à Alise, sous l'invocation de Sainte Reine,
puisque ses reliques y étoient déposées. Cette Eglise
comme nous l'avons dit, devint un monastère de
l'ordre de Saint-Benoît, uni à celui de Flavigny et
qui est enfin retourné à son ancien état d'Eglise paroissiale, par les raisons que nous allons rapporter.

Louis le Débonnaire, sur la fin de son règne,
manquant de finances pour subvenir aux frais de la
guerre, s'empara des biens de l'église à l'exemple
de Charles Martel, son bisaïeul ; les meilleures abbayes furent distribuées, tant à des laïcs qu'à des
prélats qu'il vouloit attacher à son service. L'abbaye
de Flavigny la plus considérable de ce temps, parce
que tous les biens du monastère d'Alise dont nous
avons parlé, lui avoit été annexés, fut donné en
commande. Ces abbés commendataires ne résidoient
pas et enlevoient la meilleure partie des revenus, le
commandataire de Flavigny se saisit de tous les biens
attachés au monastère d'Alise, ce qui en appauvrit

tellement les religieux, qu'ils furent forcés de se réu-
nir à leurs confrères de Flavigny, et de mettre à
leur place, conformément à un article du concile
d'Aix-la-Chapelle, quelques prêtres séculiers, pour
acquitter les charges, satisfaire à la dévotion des pélerins, et administrer le peu de revenu qui restoit
à ce monastère.

Les incurssions continuelles des gens de guerre,
furent un second motif aux religieux d'Alise, pour
se retirer à Flavigny : les Normands avoient déjà
paru sur les frontières de la France, et avoient jetté
l'épouvante dans toutes les provinces. On tiroit de
la campagne les corps saints, pour les transporter
dans les villes, afin qu'ils fussent plus en sûreté; on
pensa que la ville de Flavigny seroit un asile plus
assuré pour les reliques de Sainte Reine, et il fut
question de les transporter dans l'église de l'abbaye
de cette ville, pour les mettre à couvert de la pro-
fanation des barbares. La nomination de Saint-Egile,
à cette abbaye, accéléra cette translation en huit
cent soixante-trois, il demanda et obtint du prince
et de l'évêque diocésain, la permission de transférer
ces saintes reliques, et après avoir indiqué des prières
et un jeûne de trois jours à ses religieux, il fixa la
translation au vingt-un mars, jour auquel il se rendit
processionnellement à Alise, avec tous les membres
de sa communauté, et se fit accompagner par Salo-

cone, évêque de Dol en Bretagne. (1)

La procession partit en bel ordre et arriva à Alise sur le soir : les religieux entrés à l'église, firent leur prière avec une grande ferveur ; et lorsque Saint-Egile eut achevé la sienne, il procéda à l'ouverture de la tombe, qu'il fit couvrir d'un riche tapis. Les religieux transportés de joie par la possession d'un trésor aussi précieux, passèrent le reste de la nuit en prières, et le lendemain au lever du soleil, Salocone et l'abbé Egile, revêtus des ornemens sacrés ordonnèrent et firent des prières publiques, après lesquelles ils se prosternèrent avec des sentimens de respect qui touchoient les spectateurs jusqu'aux larmes, et ôtèrent la pierre qui couvroit le corps de la Sainte.

Un nombre prodigieux de fidèles étoit accouru à cette auguste cérémonie : l'empressement de voir les ornemens sacrés étoit extraordinaire : où eut dit que cette illustre Martyre venoit de quitter ses dépouilles mortelles. La grandeur de sa foi et son insigne pureté étoit présente à tous les cœurs, de religieuses larmes couloient de tous les yeux.

On recueillit ses précieux restes, et on les mit avec sa chaîne dans un cercueil. Après la messe qui fut chantée solennellement, les religieux de Fla-

vigny

(10) Ce prélat étoit pour lors banni de son église par les intrigues du duc Néoménius, qui s'étoit révolté contre Charles-le-Chauve, et étoit pour lors coadjuteur de Jonas, évêque d'Autun. Salocone avoit été religieux de Flavigny, et se retiroit souvent dans l'abbaye de cette ville.

vigny, revêtus de chappes, précédés de la croix et du clergé et suivis de la noblesse et du peuple, transférèrent le corps saint à Flavigny. Sa translation solennelle donna lieu à plusieurs miracles : un grand nombre de malades qui s'étoient assemblés au parvis de l'Eglise de l'abbaye, furent guéris subitement à son arrivée, et sa présence s'est toujours fait sentir par des effets bienfaisans. (11)

On n'exposoit point encore les corps saints sur les autels, dans des chasses d'or et d'argent, mais on les mettoit sous les autels, dans des cercueils de pierre ou de bois : on mit en conséquence le corps de la Sainte sous le maître-Autel de l'Eglise de l'abbaye de Flavigny ; la crainte des barbares, qui menaçoient de faire irruption dans l'Auxois, ne permettoit pas de lui donner une châsse plus riche ; cela n'eut lieu que quelques temps après, lorsqu'on plaça ses reliques sur le grand autel. On ne sait pas précisément en quelle année on les exposa à la vénération des fidèles ; mais un Cartulaire de Flavigny, qui date de huit cents ans, prouve que cette exposition des saintes reliques est très-ancienne ; un successeur de Saint-Egile à l'Abbaye de Flavigny, dont on ne sait pas le nom, mais dont la piété se manifeste dans un discours latin qui nous reste, tira ces reliques de la châsse de bois, où Saint-Egile les avoit placées, pour les mettre dans une châsse d'argent. La fête se célébrait

(11) On fit cette translation en l'an 864, sous le règne de Charles-le-Chauve. Saint Egile en fait une mention expresse dans le titre de la fondation de l'Abbaye de Corbigny.

le jour de la susception, c'est-à-dire de la translation des reliques d'Alise à Flavigny, le 2*9* mars. (12)

Quelques siècles après, Geoffroy de Cressy, descendant des anciens seigneurs de Venarey, enrichit le trésor de son Eglise de plusieurs belles châsses; Jean de Bobillet, évêque d'Autun, plaça les saintes reliques dans une châsse plus précieuse, en présence de l'abbé, des religieux et de plusieurs personnes notables qui signèrent l'acte le dix août mil quatre cent quatre-vingt-un, le suaire de la Sainte fut trouvé sain et entier.

En mil cinq cent quarante-quatre, on fit un inventaire des reliques de Sainte Reine, par lequel on voit que la nuque du cou et quelques ossemens étoient conservés dans une coupe d'argent doré, marquée à l'écusson des armes de Bourgogne.

(12) Solemni'ati hodiernæ quam de beatæ Reginæ virginis susceptione concelebrat, fratres charissimi vestra devotio adjungitur nova translatio, quæ ipsius ossa veneranda de ligneo vase in argentea reposita sunt theca. Gratias igitur habentes virgini, imò illi cui certaverat domino Deo, quia quod prædecessorum virorum delatio per multorum temporum prætermisit curricula, hoc hodiè adimplavit votivæ devotionis vigilantia: quàm siquidem sit inhonestum tam sacram virginem in ligneo jacere vasculo, testatur ipsius passio, vel vita multiplici tormentorum genere referta; testantur et per eam quam plurima facta miracula, corpus quod virginatis condecorat candor, condecorare debet argenteus color, quia pe argentum signatur puritas, in regina suæ mentis integritas quam irrumpere nequivit persecutoris minax atrocitas, equulei pæna, virgarum laceratio, timendi carceris horror,

On voyoit dans le trésor de la même abbaye le chef de Sainte Reine, c'étoit un buste d'argent très-riche, garni de bandes de vermeil et de pierres précieuses : les armoiries dont il étoit orné prouvent son antiquité, la première étoit celle de France et de Castille ; on a lieu de croire que Saint Louis, descendant par sa mère de la maison de Castille a contribué à orner ce chef ; la seconde est de l'ancienne Bourgogne, la troisieme est de l'Abbé Eudes de Doubs, le soubassement de ce chef étoit de cuivre doré, autour duquel on lisoit cette inscription :

.... In nomine patris et filii et spiritu sancti. Anno domini 1271, in honorem beatæ reginæ virginis et martyris, morte de Flavigny dictus ovitarius, ob remedium animæ ejus et uxoris suæ, æorumque parentum de proprio suo fecit me fieri Animæ eorum requiescant in pace.

La machoire de Sainte Reine, étoit enchâssée dans un reliquaire d'argent, supporté par deux anges ; c'étoit un présent que fit Pierre de Fougerolles, doyen

virginei corporis dilanians membra, auro quod metallis omnibus pretiosius est, condecoratam debet habere thecam, quæ repræsentet vobis sui corporis gemmam pretiosam, quia igitur susceptionis ipsius virginis diem celebratis, celebrate et diem translationis, in quâ ossa ejus videre meruistis, manibus tetigistis, et ad protectionem in thecâ auro argentoque polita reposuistis. Rogate virginem ut in necessitatibus vobis subveniat, ab insidiantibus vos eripiat, pestes et crimina à vobis submoveat et de hoc transitorio mundo ad illud non transitorium vos transferat regnum, in quo vivit ipsa per sæcula sæculorum.

des conseillers de Moulins en Bourbonnois, en mil six cent trente-deux.

En mil six cent cinquante, le cœur de Sainte Reine fut transféré le premier novembre, d'un ancien reliquaire dans un autre d'argent, plus artistement travaillé, Dom Mathieu Huë, visiteur de la province de Bourgogne fit la cérémonie en présence d'un grand nombre de fidèles et de personnes de qualité. Ce présent étoit de Madame Viole, veuve de feu Messire de Salo, chevalier seigneur de Beauregard, conseiller en la grand chambre au parlement de Paris. Ce reliquaire a été enlevé comme les autres pendant la révolution française, on lui en a substitué un autre en argent, en forme de cœur.

Les os des deux bras de la Sainte, furent enchâssés dans deux bras d'argent, le quatre août mil six cent cinquante-six ; ces reliquaires étoient soutenus de deux piédestaux de bois d'ébène, on les devoit à la libéralité de Dom Bouclier de Flogny, grand prieur de l'abbaye de Moutiers-Saint-Jean.

En mil six cent cinquante-six, tous les autres ossemens de la Sainte, qui n'avoient pas des châsses particulières, furent déposés dans une grande châsse d'argent, qui pesoit quatre-vingt-deux marcs sept onces et trois gros. Cette châsse fut faite par le Sieur Pillar, maître orphèvre à Dijon : elle coûta quatre mille francs.

Mademoiselle d'Artigues, native d'Agen, animée d'une tendre dévotion envers notre Sainte, paya la moitié de cette somme : un Duc et Pair fit aussi un don pour les frais de cette pièce qui n'est pas spécifié. Les saintes reliques furent déposées dans ce beau vase par M. Saulnier, prévôt de la cathédrale d'Autun. Voici l'énumération et le détail des ossemens qui furent trouvés dans l'ancienne châsse, avant d'être transférés dans la châsse d'argent. En mil six cent cinquante-un, on fit une visite des saintes reliques à la requête des religieux de Flavigny, en présence de MM. Jodon, Docteur en médecine de la faculté de Montpellier, Bourrée, Fillotte et Chailly, chirurgiens à Flavigny, et de plusieurs autres témoins.

» Entre les divers ossemens, disent-ils, nous
» avons trouvés les coudes, les rayons, un fémur,
» les os des cuisses, ceux des jambes qui sont
» dans leur entier, et correspondent tout les uns aux
» autres, les os du métacarpe, les côtes, une grande
» partie de l'ischion et divers autres, tous lesquels
» ossemens nous certifions être du même corps, à
» raison de la sympathie et connexion que lesdites
» parties ont ensemble ; ce que nous attestons véritable. L'acte est signé de nobl. Thomas Marie, conseill. au baillage et siége présidial d'Auxois ; Nicolas Marie, avocat au parlement, Bailli du chapitre de l'Église cathédrale d'Auxerre ; de Pierre Leauté, avocat au parlement et d'un grand nombre d'autres.

Il résulte du dénombrement des parties qui composent le corps humain, que la presque totalité du corps de Sainte Reine en y comprenant les ossemens qui ont été transférés dans des châsses particulières, ou déposées dans l'Église de Saint Génét de Flavigny, les vases précieux qui les contenoient et qui étoient comme on vient de le voir les effets de la pieuse libéralité de plusieurs personnages, aussi distingués par leur foi et leur religion, que par leur naissance, n'existent plus: la haine de la religion autant que l'avare cupidité des revolutionnaires de 1793, dépouillèrent les restes précieux de notre illustre martyre des riches ornemens dont la piété les avoit couverts; les impies considéroient ces vases précieux, comme la chose principale: les vrais chrétiens ne les regardoient que comme des ornemens accessoires qui n'ajoutoient aucun prix aux choses saintes qu'ils renfermoient; ce qui le prouve, c'est que la dévotion aux reliques de Sainte Reine n'a souffert aucune atteinte de ce dépouillement, le concours du peuple que la foi attire des pays éloignés, est tout aussi nombreux qu'avant la révolution.

Outre les reliques que l'on voit dans l'Eglise de Flavigny, on montre encore la chaîne qui fut un des instrumens du martyre de notre illustre Sainte; c'est une suite de gros anneaux de fer entrelacés les uns dans les autres. Elle est divisée en deux parties qui viennent aboutir à un large anneau, lequel partagé en deux, ceignoit la martyre au-dessus des reins, et servoit comme nous l'avons dit, à la tenir continuellement dans une posture très-gênante.

En mil six cent cinquante-quatre, le Duc d'Épernon, gouverneur de la Bourgogne, étant à Moutbard, écrivit au prieur de l'abbaye de Flavigny, à l'effet de lui accorder quelques parcelles des Saintes reliques pour Madame sa fille, religieuse Carmélite de Notre-Dame des Champs à Paris. Le prieur, du consentement de Dom Jean Havel, général de la congrégation de Saint Maur, revêtu d'ornement et assisté de tous ses religieux, prit un petit ossement qu'il enveloppa dans un taffetas blanc, et le mit dans une boëte couverte d'une moire d'argent, pour être porté à sa destination ; le Duc écrivit d'Auxonne une lettre de remercîmens, et pria Dom Violé, de porter la relique à sa fille, en même temps il donna ordre de l'enchâsser dans l'or. Les carmélites réunies processionnellement le trente-un août, à la porte du monastère, ayant chacune un cierge à la main, reçurent la relique en chantant des hymnes en l'honneur de Saint-Reine. La supérieure des carmélites témoigna sa reconnoissance au prieur de Flavigny, et le vingt-trois août suivant, elle lui envoya un acte en grand parchemin pour accuser la réception de la précieuse relique. La lettre et l'acte étoient dans les archives de l'abbaye de Flavigny.

Anne d'Autriche, mère de Louis XIV, temoigna d'un manière éclatante sa piété envers notre Sainte ; cette auguste princesse écrivit et envoya un exprès aux bénédictins de Flavigny, pour leur demander deux petits ossemens. Ces Religieux, avec la permission de l'Évêque d'Autun, datée du trente décembre mil six cent soixante-quatre, firent le dix-neuf janvier suivant l'ouverture de la châsse en présence de l'exprès et de deux chirugiens : on en tira deux petits ossemens qui furent reconnus pour une des vertèbres du coü, et un des os du métacarpe. (13)

Le prieur se chargea lui-même de porter à Paris ces Saintes reliques, et partit le lendemain avec l'exprès; mais en sortant de l'abbaye de Sainte Colombe de Sens il tomba si rudement de cheval, qu'il mourut cinq à six jours après des suites de sa chûte. Dom Gaulier, religieux de l'abbaye de Sainte-Colombe, remit les reliques entre les mains du général de son ordre, qui les présenta à la Reine mère. Cette princesse témoigna une grande joie à la vue de ces précieux restes; mais dans la suite craignant qu'après sa mort, elles ne tombâssent en de mauvaises mains, fit déposer le vertèbre dans l'Eglise de Saint-Eustache à Paris, et envoya l'os du métacarpe à l'hôpital de Sainte-Reine, avec une somme de mille écus, dont une partie a été employée à faire un chef d'argent à mi-corps sur un piédestal de bois d'ébène. Cet ossement se voit aujourd'hui sous un petit cristal dans la partie inférieure de ce chef, où il fut placé par M. Saulnier, prévôt de l'Eglise d'Autun, en présence de Mr. Badier, procureur d'office de l'abbaye de Flavigny : on défendit aux directeurs de cet hôpital de montrer ces ossemens, comme chef de Sainte-Reine, puisque le chef de cette Sainte étoit dans le trésor de l'abbaye, dans une châsse particulière, et par précaution, M. Saulnier fit inscrire au bàs de ce chef d'argent, sur une lâme du même métal, ces

(13) C'est la partie de la main qui est entre le poignet et les doigts, il est composé de quatre petits os grêles et inégaux.

mots. :.... » Au mois de mars mil sept cent soixan-
» te-cinq, Anne par la grâce de Dieu, Reine de
» France et de Navarre, mère du Roi très-chrétien,
» Louis quatorze, continuant ses bontés et sa pro-
» tection envers l'hôpital de Sainte Reine, lui a fait
» don d'une relique de ladite Sainte, qui fait partie
» de celles qui ont été données à sa Majesté par les
» prieur et religieux de l'abbaye de Flavigny, et
» tirées de la châsse, étant dans ladite abbaye, dans
» laquelle est le corps de cette Sainte.

Ce chef d'argent fut fait à Paris, la relique y ayant
été placée pour être transférée à Alise, fut exposée
pendant plusieurs jours, dans l'Église de Saint-Germain l'Auxerrois, où il se fit un grand concours de
fidèles.

En mil six cent cinquante-huit, M. Letailleur,
prêtre, trésorier de Saint-Eustache vint à Flavigny et
témoigna au prieur un grand désir d'avoir un ossement
de la Sainte ; mais il ne put rien obtenir.

En mil six cent cinquante-neuf les dames Ursulines
de Dijon suplièrent par une requête le prieur de Flavigny
de leur céder une portion considérable de reliques
de Sainte-Reine ; leur requête ne fut point accueillie.

Le pieux empressement des personnes les plus
distinguées du Royaume, est une preuve incontestable de la vénération qu'ont eue dans tous les temps
les chrétiens pour les reliques de Sainte Reine : il
prouve en même temps leur authenticité, et achèvent
ainsi de justifier la dévotion des peuples qui entreprennent de longs et pénibles voyages pour leur rendre

l'hommage qui leur est dû. Elles sont gardées avec respect dans l'Eglise de Saint Genêt de Flavigny, où elles ont été solennellement transférées de l'Eglise de l'abbaye de cette Ville, après la suppression des ordres religieux en France.

CHAPITRE III.

Des miracles de Sainte Reine.

Les registres que nous avons compulsés, les procès-verbaux qui sont entre nos mains, et un grand nombre de lettres que nous avons lues, font mention d'une multitude de miracles ; quoiqu'ils soient tous marqués au coin de la vérité, nous avons cru devoir en retrancher la plus grande partie, soit pour ne pas grossir ce volume, soit pour ne rapporter que ceux qui étant attestés par des témoins oculaires et dignes de foi, nous ont paru de nature à ne pouvoir être attaqués par l'incrédulité la plus audacieuse. On voit par cette multitude de faits, racontés avec une candeur et une ingénuité, qui est le caractère du vrai, à combien juste titre, Sainte Reine a obtenu la célébrité dont elle jouit, et combien Dieu favorise dans le lieu du parfait bonheur ceux qui se sont rendus recommandables par leurs vertus dans cette vallée de larmes. Il est vrai que la vivacité de la foi des chrétiens qui, dans les heureux siècles de l'Eglise, imploroient le secours de cette Sainte, ne contribuoit pas peu à ouvrir les trésors de la grâce et de la miséricorde de Dieu ; mais on ne peut disconvenir que l'intercession de cette illustre martyre, ne soit, dans tous les temps, très-avantageuse aux personnes qui la réclament dignement.

Plusieurs miracles nous apprennent que son tombeau étoit en telle vénération dans la France, qu'on venoit se disculper par serment, des crimes dont on etoit accusé, ce qui ne se faisoit qu'aux sépulcres des plus insignes martyrs.

Dans le temps qu'Appollinaire étoit abbé de Flavigny, il y eut un procès intenté par le curé de Saint Euphrône, nommé Séménon contre un habitant d'Alise. Celui-ci devoit au curé deux muids de vin qu'il refusa de lui livrer, le curé indigné de cette injustice, fit citer le débiteur par-devant le prévôt de Flavigny, à l'effet de le faire condamner à lui donner les deux muids de vin qu'il lui devoit : celui-ci nia la dette devant le juge, qui lui ordonna de lever la main sur le sépulcre de Sainte Reine, il y consentit et prononça ces mots. » Je prie Sainte Reine de » m'aveugler, s'il est vrai que je doive à Séménon » ce qu'il me demande. »... Sur le champ il perdit la vue, en punition de son parjure.

Dom Viole, Bénédictin, rapporte deux autres miracles arrivés sur le tombeau de la Sainte, au commencement du neuvième siècle, sous le Roi Pépin, et il ajoute que notre illustre martyre s'acquit en punissant les parjures le nom de JUSTE. C'est ainsi qu'elle est appelée dans un titre de l'empereur Lothaire, donné à Lucenay, en Bourgogne, le deux décembre huit cent quarante.

Claude de la Magdelaine, évêque d'Autun, à l'exemple de Jonas et de ses prédécesseurs, étoit venu plusieurs fois visiter les Saintes reliques: sa santé étant désesperée, il se fit apporter en mil six cent vingt, aux pieds de Sainte Reine, il y reçut une guérison complette et jouit d'une parfaite santé. Il vint encore quelques années après au tombeau de la Sainte pour remercier Dieu d'une nouvelle guérison qu'il avoit obtenue par son intercession. Dom Viole tient de la bouche même du Prélat, l'attestation de ces miracles.

Le premier juillet mil six cent trente-trois, Pierre Courtet, marchand mercier à Anvers, obtint la guérison d'un ulcère qui lui avoit rongé toute la chair et une partie des nerfs, depuis le genou de la jambe droite, jusqu'à la plante du même pied; le miracle est attesté par le curé de Saint-Georges, sa paroisse, par tous les religieux de Flavigny, par Mathieu, notaire royal et apostolique à Flavigny, qui en dressa l'acte.

Claude Perdrisat avoit été privé de la vue, perclus de ses bras et de ses jambes, à la suite de la petite vérole, sans espoir de guérison: ses père et mère engagèrent Mr. Rose, curé du village de Biery, où ils fesoient leur résidence, à prier Dieu par l'intercession de Sainte Reine: celui-ci fit une neuvaine et le malade fut guéri. Ce miracle est attesté par le curé, et par treize témoins du village qui donnèrent leurs signatures entre les mains du sieur Tiersot, notaire apostolique et royal.

Le douze septembre mil sept cent, Jean Raille,

fils d'un marchand papetier de Plombières, paralitique des deux jambes, se fit amener à l'Eglise de l'abbaye : après qu'il eut fait sa prière à Sainte Reine, il se sentit radicalement guéri. Ce miracle est confirmé par cinq habitans de Plombières, et six des plus notables de Flavigny, chez Mr. Nicolas Maillard, notaire royal en cette ville.

Dans une autre liasse de papier, cotée (14), du cartulaire de Flavigny, il est fait mention de trois autres miracles, l'un opéré en mil sept cent sept, sur la personne de la prieure des bénédictines de Montargis, qui fut guérie d'une enflûre considérable ; l'autre en mil sept cent dix, sur la personne du père Salvi de Sainte Cécile, prieur des grands Carmes du Pont-vieux, qui fut délivré d'une maladie pestilentielle ; le troisième en mil sept cent vingt-quatre, le six août, en faveur d'une femme nommée Coulou, de la paroisse de la Treille, diocèse de Toul, qui fut délivrée du malin esprit qui la tourmentoit depuis deux mois. L'acte qui constate sa délivrance est signé par quatre témoins et deux prêtres.

Les prétendus esprits forts qui affectent de tout juger philosophiquement, attribueront sans doute à des causes purement physiques, ces faits surnaturels, si authentiques, si manifestes, si publiquement prouvés, constatés : l'orgueil humain et l'esprit d'irréligion, invoquent souvent leurs jugemens audacieux, à l'appui de son ignorance ; et il arrive qu'ils ne peuvent ni expliquer ni définir certains évènemens d'une manière satisfaisante pour la saine raison, qui en dernière analyse est réduite à les regarder comme autant de monumens de la Toute-Puissance de Dieu. Combien de faits extraordinaires ont eu lieu pendant le règne désastreux de la fausse philosophie, que l'on ne peut attribuer à d'autres causes. Je ne puis résister à la tentation d'en raconter un qui arriva à Saint-Germain en Bugey, et qu'il seroit bien difficile aux philosophes d'expliquer par des raisons physiques.

Lorsque le monstrueux décret qui ordonnoit la destruction absolue de tous les signes extérieurs de la religion fut publiée, un jeune maçon dans le petit village de Saint-Germain, se montra le plus ardent à exécuter cette exécrable loi; il se rendit sur-le-champ à l'Église paroissiale, avec les instrumens de son métier, et se hâta de démolir les autels, de briser les ornemens, et tout ce qui avoit rapport au culte sacré, dans lequel il avoit été élevé; parvenu dans une chapelle latérale, il trouva une vieille femme du village, à genoux, et priant Dieu avec la plus grande piété..... Ah malheureux, lui dit-elle, oublies-tu que c'est ici le temple du Seigneur et que Dieu te voit?—» O que non, répondit-il, il n'y prend pas garde, il n'y a que ces deux petits bambins, (en montrant un tableau sur lequel étoit représentés deux anges,) qui me regardent, mais je vais bien les empêcher de me voir. » En même temps il décroche avec force le tableau, prend son ciseau, et perce les yeux aux deux anges; quatre ans après, cet homme se maria, son premier enfant est venu au monde annonçant une imbécillité abso-

lue et n'ayant que des paupières extrêmement mo-
biles, qui en s'élevant, laissoient voir un creux profond, à la place du globe de l'œil. Son second enfant, né dix-huit à vingt mois après, est né avec la
même difformité. La malheureuse mère devenue en-
ceinte pour la troisième fois, étoit dans la plus profonde désolation, cependant elle mit au monde un
enfant bien constitué, et paroissant jouir parfaitement
de tous ses sens. Le fait est constant, connu dans
tout le pays. Les preuves vivantes existent proba-
blement encore, du moins il est certain qu'elles
existoient il y a six ans ; fait, qui doit confondre l'incrédulité. C'est un vice de conformation, dira-t-on ;
mais qu'elle cause physique y a donné lieu ? Pourquoi
les deux premiers enfans naissent-ils privés des deux
yeux, et un troisième bien organisé ? Il me semble
qu'en disant que la justice divine a fait subir au cou-
pable dévastateur, en la personne de ses deux fils,
une peine qui rappèle son crime, on feroit une réponse plus raisonnable que celle que pourroit y faire
un incrédule.

CHAPITRE IV.
Du culte de Sainte Reine.

Les miracles de Sainte-Reine, le concours des
fidèles, tant au lieu où elle fut martyrisée, qu'à
celui où ces reliques furent transférées, les processions
et les confréries instituées en son honneur, prouvent
invinciblement qu'elle a été honorée dans tous les
siècles qui se sont écoulés depuis son martyre.

Dieu en opérant des miracles à l'occasion des reliques des Saints, démontre, dit Saint Augustin, que ce qui paraît détruit en eux, aux yeux des hommes ne l'est pas aux siens, et que leurs âmes lui sont précieuses, puisqu'il nous fait voir leurs dépouilles revêtues d'une puissance surnaturelle : comme nous ornons par nos vêtemens, ajoute ce Saint Docteur, les parties les moins nobles de notre corps, de même Dieu en rendant miraculeuses les cendres de ses élus couronnés, glorifie par ce moyen sur la terre, ce qui reste de plus vil de leur première existence.

D'après ces principes, quel hommage ne devons nous par aux reliques d'une Vierge qui a répandu son sang pour la foi, et en honneur de laquelle Dieu a opéré un si grand nombre de miracles. Cette Vierge qui, après avoir souffert le martyre, fut ensévelie au pied de la montagne d'Alise, a fait oublier par sa sépulture, que des héros guerriers, dont parle l'histoire ont arrosé de leur sang cette même montagne, quelques siècles auparavant. Ces os desséchés, lors même qu'ils étaient enfouis au fond de la terre, entendoient, selon l'expression du prophète, la voix du Seigneur, et sembloient recevoir un esprit de vie pour le communiquer à ceux qui en approchoient.

Le nom de Sainte Reine sera immortel ; la longue suite des années qui se sont écoulées depuis son sacrifice, n'a servi qu'à lui donner un nouvel éclat; car à cette époque elle participa à la puissance de son divin époux, et les chrétiens qui l'invoquent encore aujourd'hui aujourd'hui, avec un cœur animé des principes de la foi, ressentent les effets bienfaisans de son inter- cession.

Dans les premiers siècles de l'Eglise chrétienne, les martyrs, soit qu'ils fissent des miracles, soit qu'ils n'en fissent pas, étoient honorés sur la terre comme des saints; on n'hésitoit pas à canoniser ceux qui, par l'effusion de leur sang, avoient imprimé le der- nier sceau à leur croyance chrétienne; on imploroit leur crédit auprès de Dieu, dans le sein duquel on savoit qu'ils reposoient. Telle fut la pratique qu'on observa dans les environs d'Alise, à l'égard de Sainte Reine.

Ainsi quand même, par un esprit d'incrédulité, on oseroit répandre des doutes sur les miracles que nous avons rapporté; quand même l'impiété regar- deroit comme apocryphes les pièces authentiques qui les constatent, les vrais chrétiens auroient toujours de puissans motifs pour continuer de rendre à cette Sainte le culte qui lui est dû. Que signifie ce concours nom- breux et persévérant des fidèles de tout pays, de tout sexe, de tout âge, de toute condition, qui, depuis tant de siècles viennent visiter son tombeau et rendre hommage à ses reliques, sinon que sa mort a été précieuse devant Dieu? Peut-on dire avec quelque vraisemblance, qu'un enthousiasme subit s'est emparé de cette multitude innombrable de personnes si dif- férentes par le génie et les mœurs, si éloignées les unes des autres et divisées par tant d'intérêts; peut-on croire que le même esprit de vertige les conduit toutes comme par la main, chaque année, aux solennités établies en son honneur; l'accès d'une dévotion mal réglée, mal entendue, peut éclater quelquefois à l'occasion de certaines cérémonies rares ou nouvelles, faites avec une grande solennité, le peuple susceptible de ce genre d'impression, avide de nouveautés, admire comme majestueux ce qui lui paroît extraordinaire. Il accourt en foule à tout ce qui peut piquer sa curiosité; il s'y livre d'abord sans réserve, souvent sans réflexion, presque toujours sans discernement; mais en matière de religion plus qu'en tout autre, presqu'aussitôt dégoûté qu'enthousiasmé, l'on voit sa piété extérieure se ralentir progressivement et s'évanouir bientôt après. Ici, le laps des temps, loin d'abolir cette dévotion, semble la ranimer; les princes, les pontifes en donnèrent l'exemple, et ils furent imités par les chrétiens de tous les rangs; aussi la révolution française, qui détruisant le trône d'une main, et de l'autre l'autel, creusoit un abîme profond, où sembloit devoir être enséveli pour jamais toute connoissance de Dieu, tout exercice public, et même tout signe extérieur du culte sacré, n'a cependant pu anéantir celui de notre illustre Martyre.

Les différentes translations de ses reliques et les processions établies, pour les honorer, démontrent aussi le culte qu'on lui a rendu de tout temps; toutes font voir avec qu'elle vivacité de foi, chacun s'empressoit à enchérir sur les honneurs rendus à la Sainte, et avec qu'elle ardeur on désiroit avoir de ses reliques. Parmi la multitude de ceux à qui les vertus sur la terre ont mérité une couronne dans le Ciel, et dont Dieu a déclaré la sainteté par des miracles, il en est peu, dont le culte ait été à la fois plus généralement répandu, plus sensible, plus permanent que celui de notre Sainte.

Les différentes confrèries établies en l'honneur de la Sainte, à Flavigny, à Paris et en d'autres lieux, confrèries autorisées par une bulle d'Innocent XII, donnée à Rome, le seize juin 1695, prouvent d'une manière incontestable combien est répandu le culte de cette illustre martyre.

La translation solennelle de ses ossemens, dont nous avons parlé, donna lieu à une procession générale annuelle, qui se faisoit de Flavigny à Alise, et à laquelle on portoit solennellement ses restes précieux. Le jour en fut fixé au vingt-deux mars ; mais souvent l'intempérie de la saison et quelquefois la concurrence de la semaine sainte avec le jour de la procession, mettant obstacle à cette auguste cérémonie, on se détermina à la transférer d'abord aux fêtes de la Pentecôte, ensuite au jour de la Trinité, il y avoit toujours grande foule à cette fête ; tous les curés dépendans de l'abbaye de Flavigny et les autres du voisinage, étoient tenus d'assister à cette procession, d'après l'ordonnance que Gauthier, évêque d'Autun, avoit faite en 1205 aux archiprêtres de Semur, de Touillon et de Frôlois ; ce qui fut confirmé par les bulles des papes innocens III en 1211, Grégoire IX et Alexandre IV en 1227. Les échevins de la ville étoient chargés de veiller à la garde et à la sûreté des reliques, et le clergé se rendoit

à l'Eglise de l'abbaye de Flavigny pour accompagner les religieux.

En 1601, au mois de juin, les Ursulines de Flavigny, allèrent en procession à Dijon avec les reliques de Sainte Reine, elles passèrent une nuit à
Fontaines, pour entrer le lendemain dans cette ville
et dans un plus bel ordre: tout le clergé, messieurs
du Parlement et de la Chambre des comptes, les
maire et échevins, quatre cent filles vêtues de blanc,
un grand concours de fidèles sortirent de Dijon, pour
aller à la rencontre des saintes reliques (14); un
prêtre de la paroisse Notre-Dame, perclus des deux
jambes, depuis quinze ans, se mit également en
chemin pour satisfaire sa dévotion: à l'aspect des
saintes reliques, il demeura comme en extase, ses
deux béquilles tombèrent par terre et il marcha; une
foule innombrable de témoins rendit le miracle constant, et il fut consigné dans toutes ses circonstances
dans les registres de la Maison-de-Ville de Dijon.
Dom Guyard, prieur de Flavigny, à cette époque,
tient ce fait miraculeux de ceux même qui en avoient
été témoins, il n'y avoit guères que soixante dix ans
d'intervalle entre ce miracle et l'époque où ce prieur
s'occupoit du manuscrit dont j'ai tiré ces renseig-
nemens.

La procession des reliques de Sainte Reine, se
faisoit exactement tous les ans, le sept septembre,

(14) Le procès-verbal qui fait mention de cette procession, est consigné dans les registres de la Maison-de-Ville de
Dijon.

de Flavigny à Alise ; les bénédictins assistés du clergé de Flavigny étoient revêtus de très-beaux ornemens, les reliques de l'illustre martyre enchâssées dans l'argent, ajoutoient à la pompe de la cérémonie et formoient un coup-d'œil superbe. Ce spectacle auguste, dont les ames pieuses étoient touchées et attendries, suggéroit naturellement des réflexions propres à augmenter encore leur piété, en les excitant à exercer les vertus de la Sainte, dont les ossemens étoient portés en triomphe ; les personnes ordinairement dissipées, étoient pour ainsi dire forcées au recueillement, tant par l'exemple du grand nombre des assistans, qui donnoient des preuves évidentes de la plus tendre dévotion, que par la pompe et l'éclat de la cérémonie.

Cependant différentes causes réunies, concoururent à faire supprimer cette procession ; elle cessa en 1671, il fut décidé qu'on la feroit seulement dans la ville et les faubourgs de Flavigny, et cette décision fut confirmée dans plusieurs assemblées de ville. En 1678, le clergé de Flavigny demanda le rétablissement de la procession solennelle des reliques de Sainte Reine de Flavigny à Alise ; après quelques refus, quelques contestations, les bénédictins consentirent à faire la procession interrompue depuis environ huit ans, et elle eut lieu le dimanche cinq juin : les filles les plus qualifiées, après avoir donné un exemple édifiant de piété, par la réception des sacremens, portèrent les saintes reliques, les citoyens de la ville étoient sous les armes, et ceux d'Alise vinrent au devant de la procession ; le curé assisté de quatre ou cinq de ses confrères accompagnèrent le clergé et les religieux de Flavigny, jusqu'à l'Eglise d'Alise, jointe à la chapelle de Sainte Reine, qui lui sert de nef.

En 1704, l'Evêque d'Autun voulut par plusieurs motifs faire cesser cette procession, mais sur les représentations qui lui furent faites, il respecta la dévotion qne le peuple avoit toujours eue pour elle, et consentit à la laisser continuer ; depuis ce temps, jusqu'à peu d'années avant la révolution française, elle ne fut plus interrompue.

On fait tous les ans à Alise une procession solennelle, en mémoire du martyre de Sainte Reine. La curiosité et la dévotion y attirent une foule prodigieuse d'étrangers.

Il y a à Flavigny deux processions solennelles des reliques de Sainte Reine : la première le jour de la Trinité, la seconde le sept septembre, jour de la fête de notre Sainte. Ces processions se font avec beaucoup d'ordre et de décence ; toutes les reliques sont portées sur des brancards très-bien décorés, par de jeunes filles vêtues de blanc, la tête couverte d'un grand voile qui leur descend jusqu'aux reins. Le cœur qui est en argent, est suspendu par des cordons de soie rouge, à un dôme garni de mousseline, de linon, d'étoffes de soie précieuses, de fleurs naturelles et artificielles, de plumes d'autruches de diverses couleurs.

La chaîne est également supendue par le gros anneau à un autre dôme, parfaitement orné ; et ces deux extremités sont mises entre les mains de deux petites filles, dont la candeur et l'ingénuité sont le symbole de l'innocence et de la pureté du cœur de notre illustre martyre : on voit ensuite les autres reliques qui reposent dans des châsses particulières, portées de même sur des brancards, d'où pendent de chaque côté des écharpes de différentes couleurs. Enfin la grande châsse portée par quatre jeunes garçons, revêtus d'aubes et couronnés de fleurs ; elle renferme comme nous l'avons dit, la presque totalité des ossemens de la Sainte. La marche lente et mesurée de ceux et celles qui portent les reliques, impriment un certain respect aux assistans, et font naître le recueillement et la dévotion dans le cœur de ceux qui sont bien disposés. Cette marche est ouverte et fermée par deux pelotons de la milice bourgeoise sous les armes, les tambours battans.

CHAPITRE V.

Pélérinage à Sainte Reine.

Le pieux usage de visiter les lieux Saints est autorisé par l'Eglise ; à peine l'Arche d'alliance fut-elle placée dans le Temple de Jérusalem, que les serviteurs de Dieu y coururent en foule, pour détourner les fléaux de la justice divine qui étoient prêts à fondre sur eux ; cette pratique subsista jusqu'à la destruction de ce Temple. Dès le berceau de l'Eglise Catholique, on visita les tombeaux des Martyrs et autres saints ; les annales de ces pélérinages seroient volumineuses, ce genre de dévotion est de tous les siècles : il est naturel à l'homme de recourir à tout ce qui peut lui être salutaire. Je loue ceux qui, à l'exemple de nos pères, entreprennent dans un esprit de pénitence, quelque pénible voyage, pour invoquer la protection de quelques Saints; les fruits de ces pélérinages étoient autrefois plus abondans, pourquoi le sont-ils beaucoup moins aujourd'hui ? C'est que les dispositions dans lesquelles se trouvent maintenant la plupart de ceux qui visitent les tombeaux des martyrs et autres Saints, sont beaucoup moins propres à leur faire obtenir de Dieu les grâces qu'ils lui demandent par leur médiation. La principale de ces dispositions est une foi vive. Croyez, disoit Jésus Christ à ceux qui, pendant sa vie mortelle, se présentoient à lui pour être guéris de quelque infirmité. Croyez; tout est possible à celui qui croit : aussi le don des miracles ne fut-il accordé aux apôtres eux-mêmes, qu'après que leur foi fut solidement établie; il est donc hors de doute que la délivrance des infirmités que l'on demande par l'invocation des Saints, n'est rarement obtenue qu'à cause de l'affaiblissement de la foi, à laquelle vient encore se joindre souvent la dépravation des mœurs.

Dieu répand ses bénédictions sur toutes les pratiques de piété que l'Eglise autorise, cette tendre et vigilante mère interdit à ses enfans tout ce qui peut les induire en erreur; elle approuve ce qui peut les conduire à la vérité; elle permet l'exposition des tableaux et images dans les Temples : elle autorise l'enceus qui leur est offert et les honneurs qu'on leur rend; mais ce n'est pas comme se l'imaginoient les Payens à l'égard de leurs idoles, qu'elle pense qu'il y a dans les tableaux ou les statues quelque vertu secrète: l'Eglise, dit le saint Concile de Trente, n'autorise le culte des statues et des images, que parce qu'elle croit ces représentations qui frappent les sens, utiles pour l'instruction des fidèles; elles nous retracent en effet le souvenir et l'exemple des vertus qui leur ont mérité la couronne dont ils jouissent, et font naître le désir de les imiter; ce n'est pas l'image elle-même qui est l'objet de notre vénération, ce sentiment se rapporte au sujet qu'elle représente, il en est de même des autres pratiques de dévotion; si l'Eglise approuve les associations, les confrèries, les pélérinages, c'est qu'elle espère exciter par ces moyens la piété des fidèles, ranimer leur charité qui s'affaiblit comme les autres vertus, et leur faciliter par les grâces qu'ils retirent de ces saints exercices, l'accomplissement d'autres devoirs plus importans.

Quelque louables que soient les pratiques extérieures de dévotion, elles deviennent infructueuses, si l'on ne remplit en même temps des engagemens plus essentiels, qui sont ceux du Christianisme et de l'état auquel la providence nous a appelé. Dieu rejette tous les sacrifices que nous lui faisons au préjudice de l'observation de ses commandemens. Aller en pélerinage à Flavigny, pour visiter les reliques de Sainte Reine ou le lieu de son martyre à Alise, pour obtenir par l'invocation de la Sainte, la guérison d'une infirmité corporelle, s'aggréger à toutes les confrèries, faire des offrandes, faire réciter des évangiles, assister aux solennités annuelles de Sainte Reine ; toutes ces pratiques, sans contredit, sont pieuses, et peuvent contribuer à la sanctification des âmes ; mais lorsque ces exercices se trouvent en concurrence avec une conduite désordonnée, un cœur rempli de vices et de passions indomptées, c'est se faire illusion à soi-même que d'y mettre sa confiance.

Je ne blâme point, pourra dire le souverain juge, ces pratiques de piété, bonnes en elles-mêmes ; vous pouviez en tirer du fruit ; mais elles vous seront à jamais inutiles, tant que vous préférerez ces œuvres de surérogation aux œuvres d'obligation. Vous êtes fidèles à des exercices extérieurs de religion, auxquels vous n'êtes pas tenus, et vous négligez, vous violez mes préceptes dont j'ai le droit de vous faire une obligation rigoureuse. Commencez par la réforme de vos mœurs, soyez justes, probes, chastes, tempérans, charitables, tel en un mot que doit être un vrai chrétien ; alors les pratiques que vous vous imposez vous-mêmes, deviendront efficaces, parce qu'alors je serai le principe, l'objet et la fin de toutes vos démarches.

Telle étoit l'erreur des juifs à l'égard du temple de Jérusalem, ils avoient sans cesse à la bouche le nom de ce Temple, ils le regardoient comme le canal des grâces ; ils s'y rendoient fréquemment pour adorer Dieu, ils se seroient fait un scrupule d'en sortir sans y avoir laissé quelqu'offrande ; cependant Jérémie, placé par l'ordre de Dieu, à la porte du sanctuaire, reprochoit, sans respect humain , à la plupart de ceux qui entroient, leurs concussions, leurs rapines , leurs mensonges , leurs vols , leurs juremens, leurs médisances et tous leurs vices. Vous vous imaginez, disoit-il, qu'il suffit de dire LE TEMPLE DU SEIGNEUR , de réciter quelques prières , d'y laisser quelques offrandes, et que dès-lors toutes vos iniquités sont oubliées ; cette habitation est-elle donc le repaire des voleurs, des parjures, des ivrognes , des impudiques? Venez-y, mais avec un esprit humilié, un cœur contrit, changez les dispositions de votre cœur , redressez vos voies, sinon je vous rejetterai comme j'ai rejetté vos frères et toute la race d'Ephraïm.

Tel sera le sort de ceux qui vont de pélerinage en pélerinage , et qui ne vivent guère plus régulièrement que les juifs. Si donc , on veut mériter les suffrages de Sainte Reine, on doit se rendre à Flavigny ou au lieu du Martyre de la Sainte , avec recueillement , dans le dessein d'attirer sur soi et sur les siens la faveur du Ciel par la puissante protection de l'illustre Vierge, sans se permettre ni jeux ni danses ni débauches, ni fréquentations suspectes. On exigeoit autrefois des pélerins , des certificats qui prouvâssent qu'avant leur départ, ils s'étoient exercés long-tems à diverses sortes de bonnes œuvres, comme le jeûne, l'aumône, la prière. Munis de ces témoignages, ils étoient reçus partout avec de grandes démonstrations

de charité ; mais on s'est relâché beaucoup sur cette
sage discipline : les pélerinages sont devenus maintenant des parties de plaisir pour le grand nombre
de ceux qui se rendent dans les lieux saints ; le voyage de Flavigny ou d'Alise n'est souvent que le vain
prétexte d'une dévotion hypocrite et simulée ; tandis
que le véritable motif est de fomenter par des con-
versations licencieuses et des actes de libertinage une
passion qui a déjà fait de grands progrès et qui n'a
poussé dans deux cœurs que de trop profondes ra-
cines : dans la route, on s'occupe de tout excepté
des grâces que l'on devroit demander, celle de sa
conversion surtout ; avec de pareilles dispositions,
comment peut-on espérer la protection de la Sainte
qu'on va invoquer, les grâces du ciel n'aiment à se
reposer que dans des cœurs vides de passions et d'ha-
bitudes vicieuses, et l'on apporte dans la visite des
lieux saints, des dispositions absolument opposées
à la volonté de Dieu, il n'est donc pas étonnant
que les mérites et l'intercession de l'illustre vierge à
laquelle on a recours, deviennent inutiles et illu-
soires, et que ceux qui se trouvent en de pareilles
dispositions, s'en retournent les mains vides et peut-
être plus coupables qu'ils ne l'étoient avant leur voyage.

Le moyen le plus propre pour nous rendre Sainte
Reine propice, c'est d'imiter ses vertus ; cette âme
glorieuse n'a besoin ni de nos biens ni de nos hom-
mages. Associée dans la compagnie des anges, elle
est plus honorée dans cette cour céleste qu'elle ne
peut l'être sur la terre. Si quelque chose étoit capable
de troubler son bonheur, ce ne pourroit être que la

considération des dangers auxquels elle nous voit exposés chaque jour. Elle connoit d'un côté notre zèle à l'honorer ici bas, et de l'autre elle voit que loin de marcher sur ses traces et imiter les vertus qui lui ont mérité la couronne immortelle, nous courons souvent à notre perte, et que les jours destinés aux solennités relatives à son culte, en sont souvent l'occasion. Ah! dit Saint Augustin, honorer les saints sans les imiter, c'est désavouer intérieurement les honneurs qu'on leur rend à l'extérieur.

Il est bon de s'adresser aux Saints comme à des amis de Dieu; mais il faut avant tout avoir confiance au Seigneur. Les âmes bienheureuses n'ont connoissance de nos vœux qu'autant qu'il lui plaît de leur communiquer, en vertu de l'union intime qui est entre lui et ses élus, et elles ne peuvent ni demander ni obtenir que ce qui est conforme à sa divine volonté. Maître absolu de ses dons, il les verse sur qui il veut, sans être obligé de faire des miracles en notre faveur. Si, sortant quelquefois de son secret par des signes extérieurs de sa puissance, il accorde aux uns ce qu'il semble refuser aux autres, c'est un pur effet de sa miséricorde à leur égard, dont il ne nous appartient pas de demander raison. Ce qu'il est important de savoir, c'est que les demandes que nous lui adressons ne sont pas toujours celles que nous devrions lui faire; ce que nous désirons n'est pas toujours ce qui nous convient le mieux, souvent c'est nous favoriser que d'être sourd à notre voix; les maladies par exemple, les infortunes, les afflictions dont nous demandons la délivrance, ne sont a proprement parler des maux qu'à nos propres yeux ; ces épreuves quelques dures qu'elles paroissent à la nature, sont dans les vues de Dieu une occasion de mérite, et par conséquent un moyen dont nous devons nous servir pour notre sanctification ; la patience et la résignation chrétienne doivent alors être notre partage ; Pourquoi donc nous plaindre et murmurer contre la providence même qui règle les évènemens pour le bien de ses élus ? Ne cessons pas néanmoins de prier. Si nous n'avons pas été exaucés dans un temps, peut-être le serons-nous dans un autre, peut-être n'avons nous pas encore prié avec assez de confiance, avec une suffisante pureté de cœur : peut-être Dieu attache-t-il à notre persévérance la grâce qu'il a intention de nous accorder. Ses vues et ses moyens d'agir ne sont pas les nôtres. *Non enim viæ meæ viæ vestræ dicit Dominus.*

Si l'iniquité domine dans mon cœur, disoit le Roi prophète, le Seigneur, ne m'exaucera pas ; hélas ! il n'est que trop vrai que nous sommes souvent dans ce malheureux état, lorsque nous lui demandons des grâces. Trop occupés, trop affligés des maux de cette vie, nous oublions que nous ne sommes sur la terre que comme des pélerins et des voyageurs ; cherchons de préférence, la guérison de nos âmes. Voilà le but principal auquel doivent tendre tous les pélérinages ; ce n'est qu'en invoquant les Saints et Saintes, avec un cœur pur, une âme droite et une parfaite résignation à la volonté de Dieu, qu'on peut être assuré de ressentir les effets de leur puissante intercession.

F I N.

LITANIES DE SAINTE REINE,

VIERGE ET MARTYRE,

Kirie Eleison.
Christe Eleison.
Christe audi nos.
Christe exaudi nos.
Pater de cœlis Deus,　　miserere nobis.
Fili redemptor mundi Deus,　　miserere
Spiritus sancte Deus,　　miserere
Sancta Trinitas unus Deus,　　miserere
Sancta Regina,　　ora pro nobis.
Virgo nobili genere sed excelsior fide, ora
Virgo mundi comtemptrix et sponsa Christi
　　　　　　　formosissima, ora
Lumen Burgundiæ,　　ora
Alexiæ civis et patrona,　　ora
Prodigiis admirabilis,　　ora
Salus ægrotantium et curatrix vulnerum,
　　　　　　　ora
Regina catenis constricta et flagellis cæsa ora
Regina in carcere detrusa et à Deo con-
　　　　　　　solata, ora
Regina flammis exusta et aquis immersa, ora
Regina gladio percussa et in tormentis
　　　　　　　coronata, ora
Regina ab angelis in cœlum delata, ora
Agnus Dei qui tollis peccata mundi, parce
　　　　　　　nobis Domine.
Agnus Dei qui tollis peccata mundi, exaudi
　　　　　　　nos Domine.
Agnus Dei qui tollis peccata mundi, mi-
　　　　　　　serere nobis.

Christe audi nos, Christe exaudi nos.

OREMUS.

Omnipotens sempiterne Deus qui nos beatæ Reginæ Virginis et Martyris tuæ passione circumdas et protegis, prœsta nobis ejus imitatione proficere et oratione muniri ut ipsius semper adjuvemur meritis cujus beatitudinis accendimur exemplis, per Dominum, etc.

HYMNE A SAINTE REINE.

Orbis exultans modulante linguâ,
Pange Reginæ geminas coronas,
Quâ die florem nivenum pudoris
    Sanguine pinxit.

Gentis hæc olim patriæ tenebras
Luce Divinâ radians fugavit
Et triomphantis furias minaces,
    Risit averni.

Sæculi prudens thalamos perosa
Virginem legit sibi virgo sponsum,
Et suos uni generosa Christo
    Vovit amores.

Martyrum pugnas avidè legebat
Gestiens jam tunc proprium litare
Sanguinem sponso benè vix adultæ
    Prodiga vitæ.

Impii patris superavit iras
Et sibi plures paritura palmas,
Vicit in sœvo genitore primum
    Virgo tyrannum.

Hostis insurgit novus in puellam
Prætor armatus precibus minisque
Sed novi præbet segetem triumphi
    Ipse subactus.

Christe qui sexum fragilem perenni
Laureâ donas tibi psallat orbis,
Cumque divino genitore sacrum
Flamen adoret.

AUTRE HYMNE.

Virgo cælesti sociata sponso
Præsidis technas rabiemque temnit
Ipse succensus furiis amorem
    Vertit in iras,

Mox faces nudos gladios flagella
Compedes uncos jubet admoveri
Tentet ut sæva teneram demare
    Arte puellam.

Hæc faces tædas rata nuptiales
Gemmeos credit sua vincla torques
Carcer est illi solinum Deique
    Regia sponsi

Ferreos vitrix hebetavit ungues
Acribus scindi sua membra flagris
Pertulit ridens tenerosque solvi
Corporis artus.

Crescit in pœnis lacerisque gaudet,
Integer membris animus puellæ
Et per externos geminatur ignes
    Pectoris œstus,

Christe qui sexum fragilem perenni
Laureâ donas tibi psaltat orbis,
Cumque divino genitore sacrnm
Flamen adoret.

AUTRE HYMME.

Sub tuis palmis generosa Martyr
Sentiunt fluctus elementa vires
Namque devictis tibi cedit ignis
    Cedit et unda,

Jam suos victa feritate prœtor
Horret aversis oculis furores
Ridet ut falsâ pietate victum
    Virgo tyrannum.

Ecce de cœli solio columba
Advolans rostro diademâ defert
Atque Reginæ radiante serto
    Tempora cingit.

Virgo stellatas pete dixit arces
En tuis partam meritis coronam
Quodque regali moritura signas
    Nomine regnum

Invidens prœses diadema missum
Statuit ferro caput amputari
Sed nova soror meritam coronat
Stemmato frontem

Ethnicis confert moriens salutem,
Matris ut virgo decus obtineret
At duret sacro numerosa partu
      Pignora sponso.

Regios agni thalamos petentem
Virginem stipat chorus angelorum
Et triumphalem decorat beato
      Agmine pompam.

Christe qui sexum fragilem perenni
Laureâ donas tibi psallat orbis
Cumque divino genitore sacrum
      Flamen adoret.

AUTRE HYMNE.

Hâc die scandens super astra virgo
Obtinet duri pretium laboris
Nos simul votis modo prosequamur
      Astra petentem.

Quam novæ sortis nova nunc imago
Ambium frontem geminæ coronœ
Compedes ignis flagra crux securis
      Pompâ triumphi.

Ad piam cives revocare mentem
Quod suæ cœlo memor illa gentis
Contulit vobis bona multa semper
      Sidus amicum.

Redditur cœco sua lux et auris
Redditur surdo sua lingua muto,
Impari qui vix pede claudus ibat
      Ambulat œquo

Imperas morbis abigis malignos
Spiritus undas tribuis medentes
Usque das mirum per opaca noctis
    Cernere lumen.

Hinc Deo cives posuere templa
Quœ tuum dicent sine fine nomen
Jure te civem vocat et patronam
    Civis et hospes.

Sit patri sit laus genito sit almo.
Flamini sit laus tribus unà semper
Et tibi cunctis Deus unus œqua
    Gloria sœclis. Amen.

v. Exultabit anima mea in Domino.
r. Delectabitur semper salutari suo.

A Semur, de l'Imprimerie de Berry et Lepeuil. 1814.